AF454885

(Conserver la couverture.)

ORAISON FUNÈBRE

DE

MADEMOISELLE

Anne-Benoîte-Louise GUILLAUME

PRONONCÉE

Dans l'Église Paroissiale d'AUBIGNAN (Vaucluse)

LE 12 FÉVRIER 1880

Par M. le Chanoine TIMON-DAVID.

Ln 27
31714

CARPENTRAS
Imprimerie Paul TOURRETRE
39, Avenue d'Avignon, 39.

ORAISON FUNÈBRE

DE

Mademoiselle Anne-Benoîte-Louise GUILLAUME

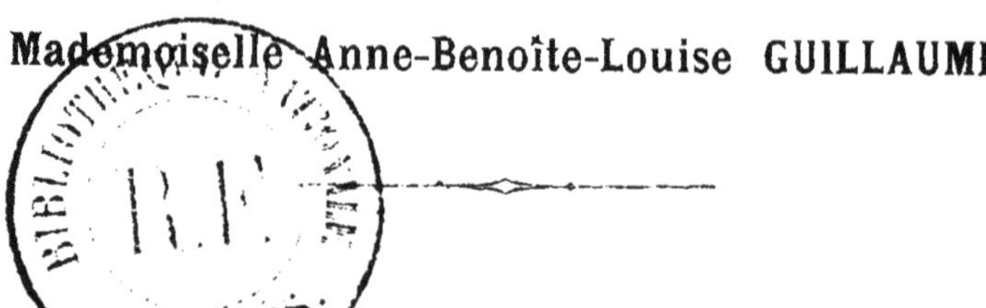

Pertransiit benefaciendo.
Elle a passé en faisant le bien.

(ACT. X. 38).

MES TRÈS CHERS FRÈRES,

A la mort de vos proches, quand les premières douleurs sont un peu apaisées, réunis aux pieds des autels avec vos parents et vos amis, vous priez pour les âmes de ceux que vous avez aimés. C'est une sainte et pieuse pratique, consacrée par l'antique usage de l'Eglise; qu'ils sont malheureux ceux qui ne connaissent pas les suprêmes consolations de ces prières, les plus ferventes, peut-être, de votre vie !

Mais aujourd'hui nous sommes témoins d'un spectacle bien extraordinaire : celle que nous pleurons encore, consacrée à Dieu dès son enfance, n'avait point de famille immédiate ; son grand âge l'avait fait survivre à presque tous ses collatéraux ; ses infirmités, en la retenant dans sa maison depuis dix ans, auraient dû effacer son souvenir chez beaucoup ; mais voilà que tout un peuple, la regardant comme sa véritable mère, se presse à ses obsèques et les change en triomphe. Point n'a été besoin de prévenir cette foule, de l'exciter, de l'entraîner ; c'est par un mouvement subit, spontané, parti du cœur de chacun. Ce jour-là, je vous le dis alors comme je vous le répète aujourd'hui, ce jour-là, au milieu de mes larmes, j'éprouvais un véritable sentiment de bonheur. Le voilà donc, me disais-je, surpris, ce bon peuple d'Aubignan, jadis modèle de foi religieuse, maintenant si calomnié par tous les gens de bien, parce que quelques-uns apostasiant l'antique croyance de leurs pères, ont couvert le pays de scandale et de honte ; le voilà tout entier, sans exception, spontanément, entourant avec respect celle dont toute la vie est un acte de foi solennel, éclatant, celle que j'appellerai la personnification de l'antique croyance ! Ah ! que vous vous êtes grandis ce jour-là devant tout ce qu'il y a d'honnête dans vos régions ! que vous avez repris votre rang dans l'opinion publique ! et que je m'écrie avec fierté, puisque désormais je suis des vôtres : *Beata gens cujus est Dominus Deus ejus* (Ps. XXXII).

Aussi, répondant à vos pieux désirs, je viens avec bonheur vous parler, du haut de cette chaire, de Mademoiselle Anne-Benoîte-Louise

GUILLAUME, votre bienfaitrice, celle dont le langage populaire avait presque oublié le nom et ne savait appeler que d'un mot: MADEMOISELLE, qualification brève, irréfléchie, trouvée par le bon sens populaire pour nommer celle que ses bienfaits avaient placée au rang de dame, de seigneur de tout votre pays, comme on eût dit autrefois.

MADEMOISELLE, je l'appellerai donc comme vous, naquit à Aubignan, dans la même maison où elle est morte, presque après un siècle, le 17 février 1790. Son père, qualifié dans tous les actes de l'époque de noble Guillaume, appartenait à une des plus anciennes famille de cette commune. C'était un homme grave, sérieux, un peu austère, appliqué aux fortes études, docteur en droit, le type accompli du barreau d'autrefois, ayant une honnête aisance, la conservant sans chercher à l'agrandir. Je ne l'ai connu qu'à la fin de ses jours, étant moi-même tout petit enfant; je n'ai jamais oublié le respect que m'inspirait son air vénérable, le sérieux de sa conversation et de toute sa vie. Il mourut à Carpentras en 1830. Sa mère était d'une ancienne famille de Marseille ; c'était une femme simple, sans prétention, extrêmement pieuse, respectée et aimée de tout le monde pour la bonté de son caractère. Je me souviens qu'à sa mort, en 1841, dans une nombreuse réunion de prêtres et de gens graves qui avaient vécu dans son intimité, on assurait qu'elle n'avait jamais pu commettre de péchés mortels, tant ses mœurs étaient simples. Avec de tels parents, on conçoit les principes et les exemples que dut recevoir **Mademoiselle**, l'éducation qui entoura ses premières années.

Elles se passèrent au milieu des terreurs de la Révolution, dans ce paisible pays d'Aubignan, étranger à toutes ces commotions, et qui ne vit qu'un seul assassinat. M. Guillaume n'eut pas besoin d'émigrer bien loin, d'abandonner sa famille. Aubignan, à part un court moment, était un asile sûr, tant ses habitants étaient bons et religieux. Mais son enfance n'en fut pas moins bercée aux douloureux récits des crimes de l'époque. Deux de ses oncles maternels étaient guillotinés à Marseille, en 1794, elle vit les pleurs de sa mère, elle suça, pour ainsi dire, l'horreur de la Révolution avec le lait; sa longue carrière, en la faisant assister à plus de douze changements de gouvernement, ne fit qu'augmenter ses répulsions pour ces révolutions toujours à refaire.

Elle reçut au baptême le nom de sa marraine, sa grand'mère maternelle, Madame Anne de Foresta. Chose étonnante ! le caractère dominant de sa vie fut un mélange du caractère de tous les siens. Elle eut l'intelligence de son père, la grande piété et la simplicité de sa mère, l'impétuosité de son aïeule. Dieu permet que les plus saintes âmes aient à lutter contre certains penchants, désespoir et mérite de toute leur vie. Cette vivacité était chez elle inconcevable, c'était comme une tempête, un torrent impétueux. Que de fois je l'ai entendu dire par ses plus proches parents ! Ah ! que fût-elle devenue si la religion ne l'eût domptée ! Ce fut la grande épreuve de sa vie. Il fallait un dérivatif à cette nature si ardente, incapable d'aucun joug, habituée, avec son père si âgé — il mourut à quatre-vingts ans — avec sa mère si paisible, à tout briser autour d'elle, à imposer sa volonté, à poursuivre toujours son but. Riche, intelligente, sémillante, remplie d'esprit naturel, recherchée de tous, mais naturellement indépendante, colère, volontaire, une vie dangereuse s'ouvrait devant elle. La religion la dompta et remporta sur sa bouillante nature un des plus beaux triomphes qu'il fût possible de voir.

Laissez-moi vous le faire remarquer, mes Frères, vous admirez trop, quelquefois, ces gens naturellement tranquilles, effacés, dont la vie s'écoule sans bruit et sans scandale, sans vices et sans qualités. Les riches natures sont celles capables de grands excès, mais de grandes victoires, luttant contre elles-mêmes sans relâche, se domptant par leurs efforts continus, ces natures qui sortent de l'ornière d'une vie unie et s'élèvent, avec le secours de la grâce, à des prodiges de compression. C'est là le grand triomphe de Dieu sur les cœurs, c'est le triomphe qu'il obtint sur l'âme de Mademoiselle. Il la prit avec ce débordement d'activité, il dompta ce caractère rebelle, il le plia et en fit cette personne accomplie dont le souvenir vivra longtemps parmi vous. Cette activité se tournera vers les bonnes œuvres, cette impétuosité surmontera tous les obstacles, cette fermeté ne reculera jamais devant les difficultés, cette belle intelligence la guidera au milieu des mille embarras de la vie, et la foi, comme un flambeau éclatant, conduira toujours ses pas avec sûreté dans toutes les circonstances de sa longue existence.

Je veux encore attirer votre attention sur un autre point. A la vue des innombrables bienfaits qu'elle a versés sur vous, habitués à la considérer comme le type le plus accompli de la bienfaisance, peut-être oubliez-vous trop ses autres qualités. On a toujours dit : la charitable Mademoiselle. Mais la charité a besoin de s'appuyer sur d'autres vertus, elle ne saurait subsister longtemps sans elles, elle se lasserait bientôt au milieu des ingratitudes des hommes, elle serait surtout incomplète, si elle n'était animée par le souffle divin de la foi. Or, toutes les vertus ont surabondé chez elle, et pour ne pas lasser trop longtemps votre attention, je me bornerai à vous en signaler trois. Je sais devant qui je parle, mes très chers Frères, je ne puis ni inventer, ni exagérer devant vous ; je ne puis forcer les couleurs du tableau que je vous présente ; Mademoiselle a vécu au milieu de vous, vous la connaissiez comme moi ; il me suffit d'en appeler à votre témoignage dans cette briève énumération de ce que vous avez tous vu.

I

1. La foi est la base, le fondement de toutes les vertus; mais, dans notre siècle, que d'obscurcissement elle a reçu chez un si grand nombre d'âmes ! Je l'ai toujours vue sans tâche chez MADEMOISELLE : ses fortes lectures, sa grande intelligence la prédisposaient admirablement ; c'était cependant chez elle un don spécial de Dieu. « Je ne connais que trois choses, disait-elle souvent : le Pape, mon archevêque et mon curé ; avec cela je suis en sûreté. » Jamais, en effet, je ne surpris en elle la plus petite défaillance. Pendant le Concile, le rôle ridicule des *matriarches* répugnait à son esprit naturel comme à sa foi ; le libéralisme lui faisait horreur ; le Pape dans l'ordre surnaturel, le Roy dans la société civile, elle ne voyait rien au-delà. Pleine de tolérance pour les erreurs des autres, les excusant toujours sur leur ignorance et leur bonne foi, jamais elle n'en acceptait aucune pour elle-même. Très-forte en théologie, on ne s'en apercevait qu'à la sûreté de sa doctrine ; jamais de discussion. Une phrase pittoresque comme elle savait les dire, une saillie remplie d'esprit, coupait court à toute dispute ; on riait, la dispute tombait, la vérité demeurait sauve.

2. Cette foi animait toute sa vie extérieure : c'était un respect absolu pour les personnes ecclésiastiques : son curé, comme dans toutes les

sociétés d'autrefois, avait toujours chez elle la première place. Dans mon enfance et ma jeunesse, elle m'avait tutoyé, comme mes autres frères; mais dès que je fus prêtre, son protocole changea subitement, elle ne m'écrivait plus qu'en ces termes ou autres semblables : « Monsieur et cher cousin. » Pleine de charité pour tout le monde, elle eût regardé comme un crime de trouver un défaut dans un prêtre. Elle savait les excuser, les pallier, les couvrir ; elle croyait que ce respect des personnes servait mieux la cause de Dieu que ce dénigrement, exagérant si souvent, déconsidérant toujours.

3. Vous avez tous connu sa piété, ce grand fruit de la foi. Chaque semaine la voyait au saint tribunal, chaque jour à la sainte table ; sa journée s'interrompait fréquemment par la prière, le chapelet, la lecture spirituelle faite avec ses fidèles serviteurs ; elle revenait encore à l'église dans l'après-midi, elle y retournait le soir, quand il y avait un exercice commun. Chaque chose avait son heure exacte et précise. Il dut en coûter beaucoup à cette nature indépendante pour se plier à cette régularité quasi-monastique dont elle ne se départait jamais, à la ville comme aux champs, en voyage comme chez elle.

Un jour, cependant, le cercle de son existence se rétrécit, l'église commença à lui paraître un peu éloignée ; elle y fut encore quelquefois en voiture, mais le jour de Noël 1869 elle entendit pour la dernière fois la sainte messe, elle avait alors 80 ans moins deux mois. Ce lui fut une douloureuse privation, surtout de ne plus recevoir que très rarement la sainte Eucharistie. Sa vue étant encore excellente, elle s'unissait de son mieux aux offices de l'église, mais ce n'était plus cette messe si aimée, ces communions quotidiennes. Confident de son chagrin, je résolus d'y porter remède : c'était pendant le Concile du Vatican et, muni de toutes les permissions requises, j'arrive la veille de son 81e anniversaire avec tous les objets nécessaires pour les Saints Mystères. Rien ne peut rendre sa surprise et sa joie ; pendant neuf années de suite elle me répétait sans cesse : « Mais que de grâces Dieu m'a faites, comment l'en remercierai-je jamais assez ? » Votre vénérable archevêque, qui devait la précéder de peu de jours dans l'éternité, avait fait fléchir en sa faveur les sévérités de l'Eglise. Il avait pensé qu'après une pareille vie elle avait quelques droits à ce privilège de l'autel privé et que nul ne pourrait s'en étonner, à moins d'avoir autant fait qu'elle pour la gloire de Dieu et de son Eglise.

4. Ce grand esprit de foi vous donne le secret de ses bonnes œuvres. La principale, ou du moins la plus aimée de sa vie, car elle n'en excluait aucune, fut l'embellissement, la richesse de la maison de Dieu. Je pourrais résumer sa carrière dans ces paroles du Psalmiste : *Domine*

dilexi decorem domûs tuæ: elle a aimé la beauté de la maison de Dieu dans ses temples matériels, comme dans les âmes qui sont les temples du Saint-Esprit. Vous faire l'énumération de ce qu'elle fit pour cette maison de Dieu, serait impossible ; je cite au hasard. En 1830, elle hérite de Mlle de Saint-Véran, son amie. Rien ne l'avait préparée à cet opulent héritage, elle l'apprit comme le public, par l'ouverture du testament. Ceux qui ont voulu diminuer le mérite de ses libéralités en les donnant comme une charge imposée par la testatrice, ne sont pas des gens du pays, ils n'ont jamais lu le testament, la passion les a fait mentir à la vérité. De fait, **Mademoiselle**, déjà si aumônieuse, devint depuis lors tout à fait prodigue. Réserver la moindre partie de tout ce qui ne lui était pas absolument nécessaire pour vivre selon son rang, lui eût semblé un crime contre sa religion. Elle se hâte de vendre toute la belle argenterie de Mlle de Saint-Véran pour en acheter un superbe ostensoir pour Vaison ou Carpentras ; on veut faire un grand autel moins indigne de la belle cathédrale de Saint-Siffrein ; le devis monte à 10,000 fr., elle en verse 9,000, afin qu'on ne puisse pas dire qu'elle a seule fait l'autel et encore les donne-t-elle par une tierce personne ; le secret, longtemps gardé, n'est appris que très tard par une indiscrétion.

C'est votre église, surtout, qui a eu toutes ses préférences. Elle a réuni dans cette enceinte tous les genres d'embellissements. Le curé se perdait dans un immense presbytère sans divisions, le vicaire ne pouvait y trouver le moindre logement; elle rebâtit le presbytère. — Depuis la Révolution, votre beau clocher découronné ne montrait plus au loin la maison de Dieu : elle refait cette flèche si pittoresque, acte de foi, acte d'artiste, puis-je ajouter, qui domine le pays, le signale au loin, le couronne noblement et le fait distinguer avec votre joli beffroi entre toutes les paroisses voisines.

Mais ce fier clocher n'a qu'une cloche insuffisante : quatre belles cloches annonceront au loin les grandes solennités, les joies et les deuils des familles; bien des cathédrales vous envieraient cette sonnerie majestueuse. Puissiez-vous, quand vous l'entendrez au milieu de vos travaux des champs, vous rappeler la pensée de Dieu, vous rappeler celle qui a tant fait pour élever votre cœur jusqu'à lui.

Je n'ai pas besoin de vous l'apprendre, presque tous vos autels de marbre, les boiseries du sanctuaire, la riche porte d'entrée, les vitraux qui tamisent la lumière, les dalles qui pavent le sol, la belle chaire du haut de laquelle je vous parle et qu'elle n'a jamais vue, ce beau confessionnal, presque tous les ornements que revêtent vos prêtres aux jours solennels, ce riche ostensoir digne des plus riches églises, les personnages de la Nativité, que sais-je encore, j'en oublie et beaucoup; car votre église depuis quarante ans a reçu plus de cent mille francs de sa généreuse bienfaitrice. Quand la mort est venue, il ne lui restait plus qu'à détruire ce tambour de la porte d'entrée et ces deux vieux confessionnaux qui déparent cet édifice. La fabrique tiendra sans doute à honneur de compléter ce mobilier irréprochable dans toutes ses autres parties.

II

1. Cette éclatante vertu de générosité ne doit pas vous faire oublier deux autres traits saillants de son caractère : son esprit de charité, son incomparable pureté. Je les confonds à dessein, car ils brillaient simultanément en elle ; on ne pouvait la voir un quart d'heure sans en être étonné, frappé, comme ébloui. J'ai fréquenté MADEMOISELLE depuis ma plus tendre enfance; vous l'avez tous connue, et quelques-uns très particulièrement, vous pouvez donc contrôler mes paroles : jamais on ne lui a entendu dire un mot contraire à la charité ou à la modestie. Je ne fais pas une pieuse exagération oratoire, je vous en prend tous à témoins : jamais elle ne s'est permis un mot de blâme contre qui que ce soit, ni un mot qui pût faire rougir ; pas même ces choses reçues par l'usage de tout le monde, pas même une appréciation sur les gens publiquement tarés ou qui la faisaient beaucoup souffrir. Elle ne pouvait toujours prévenir chez les autres une opinion trop sévère sur le prochain, ni surtout prévoir ces subites explosions d'indignation

trop souvent justifiées ; mais si elle avait quelque autorité sur les interlocuteurs, elle interrompait ces propos ; si c'étaient des supérieurs, le respect l'obligeant au silence, elle éprouvait alors comme des attaques de nerfs, des soubresauts qui attiraient enfin l'attention de l'imprudent et l'obligeaient à s'interrompre, au moins par pitié pour elle ; sa tranquillité lui revenait alors. Aussi tous ses amis, toutes ses connaissances avaient pris le pli et sa maison était devenue comme un sanctuaire où la vertu était forcément respectée. Humainement parlant, il y avait quelquefois exagération dans cette conduite ; que de fois je l'ai entendue blâmer ; mais aussi elle retrouve aujourd'hui la récompense promise à ceux qui n'ont jamais péché par la bouche : *Qui non offendit verbo hic perfectus est vir.*

Ce n'est pas qu'avec sa grande sensibilité elle n'ait éprouvé les douleurs que donnent les hommes ; elle a connu l'ingratitude à tous ses degrés, comme tous ceux qui font du bien ; elle l'a cruellement ressentie. Pendant trente-cinq ans elle a vu les inconvénients de l'éducation populaire donnée indistinctement, même aux natures mauvaises, qui n'y trouvent qu'un puissant moyen de corruption. Elle a vu ces enfants, tous élevés à ses frais, souvent comblés de ses bienfaits dans leurs familles, devenir les ennemis de Dieu et de son Église, fouler aux pieds tout ce qu'elle aimait et adorait ; jusqu'à sa mort, cette douleur l'a percée presque tous les jours, presque à tous les moments. La peur de lui faire de la peine aurait dû vous préserver de ces entraînements que je ne puis qualifier plus sévèrement qu'elle-même en vous parlant de sa charité. Mais j'en appelle à votre cœur : n'est-il pas vrai que de tous les chagrins de la vie elle n'aurait jamais dû connaître les chagrins donnés par ses propres enfants? Si cette épreuve lui eût manquée, elle fût morte absolument heureuse. Dieu ne l'a pas permis ; sa vertu avait besoin de grandir dans l'affliction, mais j'en suis sûr, aucun de vous ne voudrait trouver dans ce moment, au fond de son cœur, ce reproche d'ingratitude qui vous poursuivra toute la vie comme un lourd remords.

2. Quant à sa pureté, autant qu'il est possible de sonder le fond des âmes connu de Dieu seul, tous, je le crois, vous direz qu'elle a toujours été sans tache. Elle a sans cesse vécu sous vos yeux, jamais un soupçon ne s'est élevé contre sa vertu. Dès ses jeunes années, elle s'était consacrée à Dieu par un vœu de virginité. Quel âge avait-elle alors? je l'ignore ; mais plusieurs partis très convenables s'étant présentés, quand elle était dans toute sa jeunesse, elle les avait tous refusés ; son père avait fini par renoncer lui-même à toute proposition, tant il savait l'inutilité de ses instances. Aussi ne pus-je retenir mes larmes, quand je vis à ses obsèques, non, je dois dire, à cette somptueuse translation de ses restes, la voix publique lui décerner avec tant d'é-

clat les honneurs de la virginité. Ce corps tout vêtu de blanc, ce cercueil drapé de blanc, ces blanches fleurs qui l'entouraient, ces vierges toutes blanches qui la portaient, ces branches de lys qui formaient comme un dôme au-dessus de sa tête, il sortait de tout cela comme un parfum de virginité. Quand nous arrivâmes sur le seuil de l'église, j'entendis la voix de Dieu parlant par l'inscription qui dominait le porche : *Venis, ponsa Christi, accipe coronam.* Oui, c'était bien l'épouse de Jésus-Christ qui venait recevoir la couronne de la pureté. Et quand nous entrâmes dans le temple, tous les autels revêtus de leurs plus beaux ornements resplendissaient de lumières comme aux processions solennelles. L'Église, toujours grave et prudente, avait revêtu ses ministres d'ornements de deuil, ses chants imploraient la miséricorde de Celui qui trouve des taches jusque dans ses anges ; mais le peuple, plus libre dans l'expression de ses sentiments, fêtait une sainte, et c'est ainsi qu'aux premiers siècles il canonisait ses saints.

III

J'en viens au côté le plus brillant de sa vertu, parce que c'est le plus visible, le plus saisissable pour tous, qui a fait son immense réputation dans ce pays, celui dont tout le monde a ressenti plus ou moins les effets : son inépuisable générosité. Dieu seul connaît le nombre des pauvres qu'elle a secourus individuellement, les misères qu'elle a soulagées. De tous les points du diocèse les demandes affluaient, elles arrivaient de bien plus loin. Quand elle avait épuisé toutes ses ressources, alors seulement elle refusait, ordinairement pour accorder plus tard. Elle ne conservait pas ces lettres de demandes ; le peu que j'ai retrouvé prouvent l'universalité de ses aumônes : la métropole, les deux Petits Séminaires d'Avignon et de Sainte-Garde, l'orphelinat de Beaupas, Saint-Siffrein, les congrégations de Carpentras et d'Aubignan, les Dominicains, un grand nombre d'églises de tout le diocèse. Un jour, elle donne dix mille francs à la caisse des vieux prêtres ; pendant trente-cinq ans, elle consacre annuellement deux mille francs aux Frères et douze cents francs aux Sœurs.

Elle ajoute une maison et un jardin à l'hôpital trop étroit ; quand les malades, trop nombreux, ont épuisé les ressources bornées de cet hospice, elle comble le déficit du budget en mettant discrètement toute la somme dans le tronc, car elle a une profonde horreur de ces formalités administratives, désespérantes par leur longueur. Chaque année, elle souscrit généreusement aux grandes Œuvres Catholiques, comme le Denier de Saint-Pierre, la Propagation de la Foi, et bien d'autres. En 1862, elle souscrit pour une forte somme à l'emprunt Pontifical, mais de suite, par son ordre, je dépose le titre aux pieds du Saint-Père, qui lui envoie par écrit la plus touchante bénédiction. C'est à regret que j'entre dans ces détails choisis au hasard, au courant de la plume, car j'oublie en grand nombre la plupart de ses bonnes œuvres. Aucun statisticien ne pourrait en faire le relevé; je l'ai essayé cependant sur des données parfaitement certaines, quoique approximatives, et je trouve qu'elle a versé sous toutes les formes, en faveur de toutes les bonnes œuvres et de toutes les misères, plus d'un million d'aumônes. Cinq ou six fois, elle fit de petits héritages, les distribua tous, parfois même y ajouta du sien, comme à la mort d'une de ses plus saintes amies, Mlle Louise Clavel. Où donc puisait-elle ces inépuisables ressources? c'est le secret de la charité. Sa vie était d'une grande sobriété; sa toilette, vous la connaissez : elle avait ce genre grande dame, vieille douairière, écrasant par sa simplicité tous ces petits luxes de parvenues. Une très petite somme suffisait donc à ses besoins si bornés. Pas une fois, que je sache, elle n'a refait son mobilier du Directoire ou de l'Empire; les papiers, une fois collés sur les murs, y demeuraient à perpétuité, défiant les injures des ans, qu'elle n'apercevait même pas. L'aumône, la bienfaisance, la charité, c'était son seul luxe, sa seule passion. Sans cesse, la bourse à la main, cette pluie d'or se répandait de tous côtés.

Sa théorie, du reste, était fort simple; elle me la disait tout bonnement, quand il m'échappait un cri d'admiration : « Je ne donne pas du mien, je donne l'argent que le bon Dieu m'a confié

BIBLIOTHÈQUE NATIONALE R.F. IMPRIMÉS

pour cela ; je ne suis qu'usufruitière, le fonds et le revenu sont à lui.» Dans cette admirable réponse, vous entendez, mes Frères, la raison providentielle des inégalités sociales. La religion dit aux pauvres : « Tout le monde ne peut être riche, résignez-vous, je soignerai en bonne mère vos intérêts. » Elle dit aux riches : « Dieu vous a constitués comme ces grands réservoirs créés pour accumuler de grandes quantités d'eau et puis les répandre avec la fertilité dans les plaines. » Si le riche garde toute son eau, ou si le pauvre, détruisant ces bassins, les tarit tout à la fois, c'est la ruine pour tous, sans compensation pour personne. Voilà la théorie chrétienne ; convenez que si tout le monde écoutait l'Eglise prêchant aux pauvres le respect des riches et aux riches l'amour des pauvres, tout n'en irait que mieux. Dieu a permis que vous ayez vu de vos propres yeux, pendant près d'un siècle, cet enseignement pratiqué dans toute sa perfection. MADEMOISELLE eût pu vendre tous ses biens, les donner en une fois aux pauvres; autre était sa vocation. Elle les a sagement gardés, plus sagement administrés au temps de sa vigueur. Chaque année elle attendait ses nouvelles récoltes de la main de Dieu, pour les distribuer en son nom. Souvent ses bienfaits prenaient le caractère d'un bienfait public. Aubignan, avec ses belles eaux, n'avait presque pas de fontaines; en été l'eau arrivait à peine, les conduites étaient hors d'usage. Comment réparer ce désastre ? La commune sans ressources ne pouvait faire cette dépense. Comme toujours, **Mademoiselle** ouvre généreusement sa bourse, comme toujours elle veut faire grand, elle place des fontaines nouvelles à tous les carrefours, et ce qui était plus pénible pour elle, elle affronte les interminables formalités administratives, et aujourd'hui l'eau coule avec abondance, à portée de tout le monde. A Rome, une inscription monumentale couronnerait toutes ces fontaines; à Aubignan... la reconnaissance du pays en tiendra lieu, je l'espère bien.

IV

Mais l'œuvre capitale de sa vie fut l'éducation de tous les enfants de ce pays.. Elle devança de plusieurs années les utopies modernes sur la nécessité de l'instruction obligatoire, en la mettant librement et gratuitement à la portée de tout le monde. Depuis trente-cinq ans, pauvres et riches, garçons et filles, ont leurs écoles gratuites tenues, comme vous le savez, avec les plus admirables dévouements. Il n'y a presque plus d'hommes ici qui ne lui doivent tout ce qu'ils savent, heureux s'ils ne retournaient pas trop souvent cette arme contre Dieu, contre l'Église, contre la société, contre les intentions expresses de la généreuse bienfaitrice, qu'ils ont si souvent fait pleurer par leur inconcevable ingratitude. Elle a construit une maison pour les filles à côté de l'hôpital, elle a donné un immeuble spacieux et parfaitement situé pour les garçons. Trois Frères et trois Sœurs prodiguent leurs soins à ces enfants, vous savez avec quel zèle et quelle abnégation. De riches dotations assurent l'avenir à perpétuité. Ah ! par exemple, il y manque une chose, la *laïcité*. Vous ne l'avez jamais attendu, n'est-ce pas, de **Mademoiselle** ; sa vie entière proteste contre cette intention. Aussi a-t-elle épuisé toutes les précautions légales pour assurer l'existence de ses deux fondations dans leur but, leur esprit, leurs moyens, et non contente de cela, elle les a encore confiées à mon honneur, et je n'y forlignerai pas !.. Dès 1845, par une sorte d'intuition prophétique, de regard sur l'avenir, sa prodigieuse intelligence dictait dans son testament mystique et solennel toutes les clauses et formules qui pouvaient assurer la perpétuité des religieux et des religieuses dans ses établissements, en ordonnant que ses dotations fissent retour à son légataire universel en cas de non exécution.

Direz-vous que par ces clauses restrictives, elle a gêné la conscience de ses concitoyens ? Mais non, il est libre à tout généreux bienfaiteur du camp opposé au sien de faire une fondation pareille pour les enfants ; cette concurrence sera au profit de tous. Mais en attendant que l'un d'eux donne ainsi cent mille francs, tout est simple et bien clair : la commune, sans budget suffisant, n'aura jamais à s'imposer pour l'enseignement de ses enfants dans ses brillantes écoles, tant que la volonté de la défunte sera respectée; elle devra chercher, à ses frais, local, instituteurs et institutrices, le jour où cela lui convenant, les anciens élèves des Frères chasseront les maîtres qui les ont tous élevés; les contribuables payeront, et le légataire attendra de jours plus heureux l'accomplissement des volontés de la testatrice.

Mais je veux que vous l'entendiez elle-même; écoutez ses magnifiques paroles, elle y revient à trois fois, dans trois testaments, pour les confirmer, les expliquer, les recommander avec une précision, une intuition qui n'étonneront aucun de ceux qui ont connu sa belle intelligence.

« Dans l'intérêt et pour le bien de la religion catholique, apostolique et romaine, au « sein de laquelle j'ai eu le bonheur de naître « et de vivre, et dans laquelle la divine Provi« dence m'accordera, j'espère, la grâce de mou« rir, voulant donner à l'établissement que j'ai « fondé à Aubignan, pour l'instruction gratuite « de l'enfance et de la jeunesse, toutes les ga« ranties possibles de stabilité et de durée, en le « plaçant sous un haut patronage et une pater« nelle et bienveillante direction, j'ai confié l'ad« ministration ainsi que les fonds nécessaires à « son maintien à l'autorité diocésaine d'Avignon, « qui sera chargée d'entretenir à perpétuité dans « ladite commune ou paroisse d'Aubignan, une « école catholique et gratuite. Par suite du prin-

« cipe posé dans les lois actuelles, notamment
« dans l'article 7 de la loi du 24 mai 1825, et
« d'après l'expression ici consignée de ma vo-
« lonté formelle, si ladite institution venait à
« être éteinte à Aubignan par quelque circons-
« tance que ce fût (indépendante de la volonté
« de mon héritier et de ses ayants droit) tous
« les objets et valeurs destinés à ladite fondation
« locale feraient retour à mon héritier ou à ses
« ayant-droits, et à défaut à mes parents au
« degré successible. Je recommande tout cela
« à la sollicitude consciencieuse de mon héritier
« et de ses successeurs à perpétuité. Je leur fais
« un devoir de surveiller, soigner, faire pros-
« pérer cet établissement si nécessaire aux
« besoins religieux et moraux de la commune.
« S'il y avait des obstacles ou des difficultés
« quelconques, je les charge de s'appliquer à
« les faire cesser avec le plus de célérité et
« d'efficacité possible. »

Enfin elle ajoutait, au mois de décembre dernier : « Si cependant, par suite des lois récentes
« édictées ou à édicter par les pouvoirs publics,
« le présent legs, avec toutes et chacune de ses
« clauses, ne pouvait être exécuté, je veux que
« cette somme de cinquante mille francs (le legs
« devenant caduc) fasse retour à mon légataire
« universel pour en disposer à son gré, au plus
« près de mes intentions, sans avoir à en rendre
« compte à personne qu'à sa conscience.

« Je réitère à mon légataire universel tous les

« vœux que j'ai déjà exprimés et j'espère qu'il « les réalisera comme un triple devoir de DROIT, « d'HONNEUR et de CONSCIENCE. »

Mes frères, j'ai peur de vous lasser et je descends de cette chaire avec le regret d'avoir à peine commencé ma tâche, tant elle dépassait mes forces. Par une faveur bien rare, Dieu combla MADEMOISELLE de tous les dons naturels, elle connut très peu les peines ordinaires de la vie, et nous comprenons facilement les raisons de cette exception. Il y a eu toujours comme une lutte de générosité entre le souverain Créateur et sa petite créature : elle lui a tout donné dans la simplicité de son cœur, Dieu lui a prodigué ses biens d'ici-bas au centuple et la réecompense éternelle dans l'autre, nous l'espérons fermement. Elle a été riche par des héritages successifs parce qu'elle donnait tout; elle a vécu jusqu'à un âge peu probable, conservant toute son intelligence, son esprit, son cœur, avec des infirmités relativement peu considérables, parce que sa vie répondait aux desseins de Dieu sur elle.

Son grand âge nous avait tous trompés; sa santé était parfaite au mois de décembre dernier, quand Mgr l'Archevêque vint la visiter pour la dernière fois. Qui aurait cru qu'ils se retrouveraient un mois après devant Dieu? Il semblait qu'elle dût aller à cent ans, quand tout d'un coup, sans maladie, sans agonie, elle s'est éteinte le 19 du mois dernier, sans les derniers secours de la Religion, qu'elle avait reçus, du reste, comme à l'ordinaire, il y avait peu de jours, mais aussi sans les terreurs de la mort; Dieu les lui avait épargnées par une dernière faveur.

Oh! mes frères, que vous fûtes admirables dans ce jour! que je voudrais vous en remercier tous individuellement! que vos amis en ont été fiers pour vous! Il n'y avait plus aucun parti dans Aubignan en face de ce cercueil, il n'y avait plus que des chrétiens faisant un cortège triomphal à leur bienfaitrice.

Que ces enseignements ne soient pas perdus pour vous, qu'à jamais vous conserviez le souvenir de votre mère, de votre bonne amie; apprenez son nom à vos jeunes enfants, car elle a été la plus pure gloire de votre pays. A chaque pas vous retrouverez sa mémoire : l'église, le presbytère, l'hôpital, les écoles, les fontaines, tout vous la redira, votre cœur vous la rappellera sans cesse et excitera votre juste fierté de chrétiens et d'Aubignanais, en montrant ce que la religion lui a inspiré pour vous.

Quant à moi, modeste continuateur des desseins de Mademoiselle Guillaume, donnez-moi un peu de l'affection que vous aviez pour elle. Je m'efforcerai de la mériter en marchant sur ses traces, afin d'arriver par la même voie, après elle et avec vous, dans la bienheureuse éternité.

CARPENTRAS, IMP. TOURRETTE.

BIBLIOTHÈQUE NATIONALE R.F. IMPRIMÉS

23

www.ingramcontent.com/pod-product-compliance
Ingram Content Group UK Ltd.
Pitfield, Milton Keynes, MK11 3LW, UK
UKHW021042260726
13994UKWH00005B/2319

9 782329 460758